Langenscheidt

Die neue Rechtschreibung – kurz und schmerzlos

Mit Duden-geprüfter Wörterliste

Von Christian Stang

Langenscheidt

Berlin · München · Wien · Zürich · New York

Umwelthinweis: gedruckt auf chlorfrei gebleichtem Papier

Umschlaggestaltung: Independent Medien-Design
Grafik: Josef Krapf, München
Redaktion extern: Marion Techmer, München

www.langenscheidt.de

Satz: Franzis print & media GmbH, München
Printed in Germany
ISBN 978-3-468-29959-9

3. 4. 5. 6. * 11 10 09 08 07

Inhalt

Vorwort

Fühlen Sie sich in der neuen Rechtschreibung hundertprozentig fit? Oder geraten Sie bei der Schreibung von ***Flussschifffahrt, selbstständig, Rad fahren, auf Deutsch, im Folgenden*** doch ein bisschen in Verlegenheit? Dieser Ratgeber informiert Sie in leicht verständlicher Form über alles Wesentliche, was Sie für den Gebrauch der reformierten ***Orthographie*** - oder auch ***Orthografie*** - wissen müssen.

In 30 lockeren Trainingsrunden haben wir Ihnen die wichtigsten Regeländerungen entsprechend der Rechtschreibreform mit Beispielen zusammengestellt. So bekommen Sie die Regeln für die seit 1. August 2006 für Deutschland, Österreich und die Schweiz verbindlichen Bereiche schnell in den Griff.

Ein Verzeichnis von 300 markanten Neuschreibungen finden Sie in der Duden-geprüften Wörterliste ab Seite 52. Die Gegenüberstellung von alter und neuer Schreibweise zeigt Ihnen auf einen Blick, welche häufig gebrauchten Wörter jetzt anders geschrieben werden bzw. wo die bisherige Schreibweise neben der neuen als Variante gilt.

Alle Regeln und Schreibungen in diesem Band folgen dem amtlichen Regelwerk der deutschen Rechtschreibung in der aktuellen Fassung, das laut Beschluss der Kultusministerkonferenz vom 2./3. März 2006 seit Beginn des Schuljahres 2006/2007 die verbindliche Grundlage des Rechtschreibunterrichts an allen Schulen bildet.

Wir wünschen Ihnen einen kurzen und schmerzlosen Umstieg auf die neue deutsche Rechtschreibung!

Autor und Verlag

Die Laut-Buchstaben-Zuordnung

Runde 1

Fuß und Fass – Die Schreibung der s-Laute

Um es gleich auf den Punkt zu bringen: In der Überschrift hat nicht der Fehlerteufel sein Unwesen getrieben! Das ***Fass*** wird in neuer Rechtschreibung tatsächlich mit ***ss*** (Doppel-*s*) geschrieben, während Ihnen der ***Fuß*** auch weiterhin mit ***ß*** (scharfes ***s*** oder Eszett) begegnen wird. Denn - ab jetzt führt die Aussprache zur richtigen Schreibung.

Entscheidend ist der *Vokal** **vor** dem ***s***-Laut: Wenn dieser lang und gedehnt gesprochen wird - wie das ***u*** im Wort ***Fuß*** - bleibt alles beim Alten. Wenn jedoch ein kurzer Vokal vorangeht, wird das ***ß*** kurzerhand zu ***ss*** - so wie im Wort ***Fass***.

Um es also kurz zu machen: Die Länge des *Vokals* vor dem ***s***-Laut ist für die neue Verteilung von ***ss*** und ***ß*** ausschlaggebend. Und hier kommt auch gleich die erste neue …

Regel

Nach einem **kurzen** *Vokal* schreibt man immer **ss**.

Alt & Neu im Vergleich

alte Schreibung	neue Schreibung
Baß	*Bass*
Fluß	*Fluss*
Guß	*Guss*

* Die kursiv hervorgehobenen Fachbegriffe aus der deutschen Grammatik werden auf den Seiten 48 bis 51 erläutert.

Alt & Neu im Vergleich

alte Schreibung	neue Schreibung
Kuß	*Kuss*
Nuß	*Nuss*
Riß	*Riss*
Schuß	*Schuss*
naß	*nass*
bißchen	*bisschen*
seßhaft	*sesshaft*
häßlich	*hässlich*
wäßrig	*wässrig*
[er / sie] vergißt	*[er / sie] vergisst*
[er / sie] wußte	*[er / sie] wusste*

Nach einem **langen** *Vokal* oder einem *Doppellaut* bleibt das *ß* dagegen bestehen:

Gruß, Verstoß, Straße, Buße, Blöße, stoßen, grüßen
Strauß, Fleiß, Spieß, äußern, beißen, anschließend

In einigen Wortstämmen ändert sich die Länge des *Vokals* vor dem *s*-Laut. In diesem Fall **wechselt** die Schreibung der Wörter mit *ss* und *ß*:

- *beschließen – [er / sie] beschloss – der Beschluss*
- *fließen – [es] floss – der Fluss – das Floß*
- *gießen – [er / sie] goss – der Guss*
- *messen – [er / sie] misst – das Maß*
- *reißen – [er / sie] riss – der Riss*
- *schießen – [er / sie] schoss – der Schuss*
- *vergessen – [er / sie] vergaß – vergesslich*
- *wissen – [er / sie] weiß – [er / sie] wusste*

Besonderheiten

- Die *Konjunktion* **dass** wird wegen des **kurzen** *Vokals* vor dem ***s***-Laut jetzt auch mit **ss** geschrieben. Die Unterscheidung zwischen **das** und **dass** bleibt bestehen:

  Dieser Satz verdeutlicht, dass das Wort »das« / »dass« als Artikel und als Konjunktion verwendet wird.

- In **Österreich** darf das Wort ***Spaß*** auch mit **ss** geschrieben werden:

  Ein bisschen Spaß / Spass muss sein!

- In der **Schweiz** wird das **ß** generell durch **ss** ersetzt:

  Gruss, Verstoss, Füsse, Strasse, Spiess, aussen, beissen

Zum Abschluss der ersten Trainingsrunde noch eine Empfehlung Ihres Hausarztes:
Trinken Sie in Maßen und nicht in Massen!

Runde 2

Der Tollpatsch lutscht Karamellbonbons – Die Verdoppelung von Konsonanten

Nach einem **kurzen** *Vokal* zeigt sich nicht nur der ***s***-Laut im Doppelpack. Auch andere Konsonanten tauchen als Zwillinge auf, wie zum Beispiel das ***l*** in ***Karamell***, das ***p*** in ***Tipp*** oder das ***t*** in ***Fritteuse***.

Regel

Folgt im Wortstamm auf einen **kurzen** *Vokal* ein einzelner *Konsonant*, so wird dieser oftmals **verdoppelt**.

Alt & Neu im Vergleich

alte Schreibung	neue Schreibung
As	*Ass*
Friteuse	*Fritteuse*
Karamel	*Karamell*
Mesner	*Mesner / Messner**
Mop	*Mopp*
numerieren	*nummerieren*
Step	*Stepp*
Stop	*Stopp*
Tip	*Tipp*
Tolpatsch	*Tollpatsch*
tschüs	*tschüs / tschüss*
Waggon	*Waggon / Wagon*

Apropos: Das Wort ***platzieren*** wird jetzt mit ***tz*** geschrieben.

Runde 3

Die belämmerte Gämse schnäuzt sich – Die Schreibung von Umlauten und Doppellauten

Bitte machen Sie sich über den Inhalt dieses ***gräulichen*** Satzes keine ***überschwänglichen*** Gedanken ... Die Überschriften in den Trainingsrunden sollen Sie schließlich etwas zum Schmunzeln bringen. Das Thema selbst ist ja schon »trocken« genug!

Jedenfalls haben Sie ganz nebenbei fünf Wörter kennengelernt, die eine Gemeinsamkeit verbindet: Die Fünflinge haben den *Vokal* ***e*** bzw. den *Doppellaut* ***eu*** zugunsten von ***ä*** bzw. ***äu*** an den Nagel gehängt.

* Mit einem Schrägstrich werden Schreibvarianten voneinander abgetrennt. In diesen Fällen sind jetzt beide Schreibweisen zulässig.

Frei nach der Redensart »Der Apfel fällt nicht weit vom Stamm« lassen sich diese Wörter nun von einem Stammwort mit ***a*** bzw. ***au*** ableiten:

- *belämmert* von *Lamm*
- *Gämse* von *Gams*
- *überschwänglich* von *Überschwang*
- *schnäuzen* von *Schnauze*
- *gräulich* von *Grauen*

Regel

Wörter mit ***ä*** bzw. ***äu*** lassen sich in der Regel von einem **Stammwort** mit ***a*** bzw. ***au*** ableiten.

Alt & Neu im Vergleich

alte Schreibung	neue Schreibung
behende	*behände*
belemmert	*belämmert*
Bendel	*Bändel*
Gemse	*Gämse*
Quentchen	*Quäntchen*
Stengel	*Stängel*
überschwenglich	*überschwänglich*
einbleuen	*einbläuen*
verbleuen	*verbläuen*
Greuel	*Gräuel*
schneuzen	*schnäuzen*

Bei den folgenden beiden Wörtern können Sie jetzt zwischen zwei Schreibweisen wählen:

- *aufwendig / aufwändig*
- *Schenke / Schänke*

Besonderheiten

- Die Schreibweise der folgenden Wörter wurde **nicht** verändert, obwohl ein **Stammwort** mit **a** vorhanden ist:

  Eltern (trotz *alt*)
  Henne (trotz *Hahn*)
  Spengler (trotz *Spange*)
  Stempel (trotz *stampfen*)
  gerben (trotz *gar*)
  heften (trotz *haften*)
  schellen (trotz *schallen*)
  schwenken (trotz *schwanken*)
  wecken (trotz *wachen*)

- Die nachfolgenden Wörter werden mit **äu** geschrieben, obwohl **kein** Stammwort (mehr) mit **au** vorhanden ist:

  Knäuel, Räude, Säule, räuspern, sträuben, täuschen

Runde 4

Schnellläufer sucht Balletttänzerin in Kongressstadt – Das Zusammentreffen dreier gleicher Buchstaben

Nicht nur in der Heiratsanzeige der örtlichen Zeitung kommt es vor, dass in einer Zusammensetzung drei gleiche Buchstaben aufeinandertreffen. Wie die Wörter ***Schnellläufer, Balletttänzerin*** und ***Kongressstadt*** schon zeigen, wird jetzt keiner der Drillinge mehr über Bord geworfen.

Regel

Wenn **drei gleiche** Buchstaben in einer Zusammensetzung aufeinandertreffen, bleiben **alle** erhalten. Zur besseren Lesbarkeit kann ein **Bindestrich** gesetzt werden.

Alt & Neu im Vergleich

alte Schreibung	neue Schreibung
Schiffahrt	*Schifffahrt / Schiff-Fahrt*
Brennessel	*Brennnessel / Brenn-Nessel*
Kreppapier	*Krepppapier / Krepp-Papier*
Nullinie	*Nulllinie / Null-Linie*
Stilleben	*Stillleben / Still-Leben*
Kaffee-Ernte	*Kaffeeernte / Kaffee-Ernte*
Klee-Einsaat	*Kleeeinsaat / Klee-Einsaat*
Schnee-Eule	*Schneeeule / Schnee-Eule*
Tee-Ei	*Teeei / Tee-Ei*
Hawaii-Insel	*Hawaiiinsel / Hawaii-Insel*

Die Regelung gilt auch für Wörter, deren **erster** Bestandteil jetzt mit ***ss*** statt – wie bislang – mit ***ß*** endet:

- *Basssänger / Bass-Sänger*
- *Kongressstadt / Kongress-Stadt*
- *Messstelle / Mess-Stelle*
- *Presssack / Press-Sack*
- *Stresssituation / Stress-Situation*

Besonderheiten

- Die Wörter ***dennoch, Drittel*** und ***Mittag*** werden weiterhin mit zwei *Konsonanten* geschrieben.
- Auch bei der Endung ***-heit*** bleibt jetzt das vorausgehende ***h*** erhalten:

  Rohheit
  Zähheit

Die Fremdwortschreibung

Runde 5

Ein orthografisches Problem – »th« bleibt »th«, »ph« wird zu »f«

Natürlich geht es nicht nur in der fünften Runde dieses Trainings um ***orthografische*** Probleme. Doch nun ist das Wort ***Orthografie*** auch noch selbst von der Neuregelung betroffen: Es darf mit ***f*** oder weiterhin mit ***ph*** geschrieben werden - doch an dem ***th*** führt kein Weg vorbei: ***Orthografie / Orthographie***.

Regel

In Fremdwörtern können die Wortbestandteile ***phon***, ***phot*** und ***graph*** durch ***fon***, ***fot*** und ***graf*** ersetzt werden.

Alt & Neu im Vergleich

alte Schreibung	neue Schreibung
Autograph	*Autograf / Autograph*
Bibliographie	*Bibliografie / Bibliographie*
Choreographie	*Choreografie / Choreographie*
Diktaphon	*Diktafon / Diktaphon*
Geographie	*Geografie / Geographie*
Grammophon	*Grammofon / Grammophon*
Kalligraphie	*Kalligrafie / Kalligraphie*
Lexikographie	*Lexikografie / Lexikographie*
Megaphon	*Megafon / Megaphon*
Monographie	*Monografie / Monographie*
Orthographie	*Orthografie / Orthographie*

Alt & Neu im Vergleich

alte Schreibung	neue Schreibung
Paragraph	*Paragraf / Paragraph*
Saxophon	*Saxofon / Saxophon*
Seismograph	*Seismograf / Seismograph*
Stenographie	*Stenografie / Stenographie*
Topographie	*Topografie / Topographie*
Vibraphon	*Vibrafon / Vibraphon*

Besonderheiten

- Alle anderen griechischen Fremdwörter mit ***ph*** bleiben **unverändert**:

  Alphabet, Apostroph, Asphalt, Katastrophe, Metapher, Phänomen, Philosophie, Physik, Sphäre, Strophe, Triumph

- Ebenfalls **unverändert** bleiben die Fremdwörter mit ***th***:

  Apotheke, Bibliothek, Diskothek, Ethos, Leichtathletik, Mathematik, Theater, Theke, These, Thron

- Bei Fremdwörtern mit der Endung ***-tial / -tiell*** ist in einigen Fällen auch eine Schreibung mit ***-zial / -ziell*** möglich, wenn es ein verwandtes Wort mit der Endung ***-z*** gibt:

  Differenzial / Differential (Differenz)
  essenziell / essentiell (Essenz)
  existenziell / existentiell (Existenz)
  Potenzial / Potential (Potenz)
  substanziell / substantiell (Substanz)

Runde 6

Von Partys, Ladys und Rowdys – »-ies« wird zu »-ys«

In dieser Runde geht es zwar nicht um die Abenteuer im Wilden Westen, obwohl von ***Partys, Ladys*** und ***Rowdys*** die Rede sein wird. Wie Sie bereits zu Recht vermuten, wurde auch in diesem Bereich die Schreibung der Fremdwörter verändert:

Regel

Englische *Substantive* mit der Endung **-y** bilden den *Plural* durch das Anhängen eines **-s** am Wortende.

Alt & Neu im Vergleich

alte Schreibung	neue Schreibung
Ladys / Ladies	*Ladys*
Lobbys / Lobbies	*Lobbys*
Partys / Parties	*Partys*
Rowdys / Rowdies	*Rowdys*

In diesem eng abgesteckten Gebiet müssen Sie also von den bisher gültigen Schreibungen Abschied nehmen …

Runde 7

Nie wieder Tunfisch mit Ketschup! – Einzelfallregelungen

Bei einigen Fremdwörtern haben Sie jetzt die Qual der Wahl, da Sie diese in zwei Varianten schreiben dürfen:

Alt & Neu im Vergleich

alte Schreibung	neue Schreibung
Bravour	*Bravur / Bravour*
Chansonnier	*Chansonier / Chansonnier*
Delphin	*Delfin / Delphin*
Facette	*Fassette / Facette*
Grizzlybär	*Grislibär / Grizzlybär*
Hämorrhoiden	*Hämorriden / Hämorrhoiden*
Joghurt	*Jogurt / Joghurt*
Justitiar	*Justiziar / Justitiar*
Katarrh	*Katarr / Katarrh*
Ketchup	*Ketschup / Ketchup*
Malaise	*Maläse / Malaise*
Myrrhe	*Myrre / Myrrhe*
Necessaire	*Nessessär / Necessaire*
Panther	*Panter / Panther*
Platitüde	*Plattitüde / Platitude*
Portemonnaie	*Portmonee / Portemonnaie*
pushen	*puschen / pushen*
Saisonnier	*Saisonier / Saisonnier*
Shrimp	*Schrimp / Shrimp*
Spaghetti	*Spagetti / Spaghetti*
Thunfisch	*Tunfisch / Thunfisch*
Trekking	*Trecking / Trekking*

Die Worttrennung am Zeilenende

Runde 8

Das Fens-ter ros-tet – Die Trennung der Buchstabenfolge »st«

Bestimmt wird Ihnen aus Ihrer Schulzeit noch der Merkspruch »Trenne nie das *s* vom *t*, denn es tut den beiden weh!« in guter Erinnerung sein. Dieser Vers hat nun seine Schuldigkeit getan. Das Trennverbot von *st* wurde **aufgehoben**:

Regel

Die Buchstabenfolge **st** kann **getrennt** werden.

Alt & Neu im Vergleich

alte Worttrennung	neue Worttrennung
Ka-sten	*Kas-ten*
Li-ste	*Lis-te*
fa-sten	*fas-ten*
ro-sten	*ros-ten*
lu-stig	*lus-tig*
be-stens	*bes-tens*
mei-stens	*meis-tens*

Runde 9

Der Bä-cker wird die De-cke fli-cken – Die Trennung der Buchstabenfolge »ck«

Auch das ***ck*** wurde von der Rechtschreibreform nicht verschont. Es wird jetzt bei der Worttrennung **nicht** mehr in ***k-k*** aufgelöst, sondern gleich auf die neue Zeile gesetzt:

Regel

Die Buchstabenfolge ***ck*** wird beim **Trennen** auf die **neue** Zeile gesetzt.

Alt & Neu im Vergleich

alte Worttrennung	neue Worttrennung
Bäk-ker	*Bä-cker*
Dek-kel	*De-ckel*
Glok-ke	*Glo-cke*
Sok-ke	*So-cke*
Wek-ker	*We-cker*
flik-ken	*fli-cken*
lok-ken	*lo-cken*

Runde 10

Von Quad-raten, Hyd-ranten und Sig-nalen – Die Trennung von Konsonant plus »l«, »n« oder »r« in Fremdwörtern

Wie heißt es doch so schön: »Fremdwörter sind Glückssache!« Nicht nur bei der Schreibung eines Fremdworts, sondern auch bei der Worttrennung kommt man schnell in Verlegenheit:

Muss man das ***Quadrat*** nach dem ***a*** (***Qua-drat***) oder erst nach dem ***d*** (***Quad-rat***) trennen? Und wie ist das mit den ***Hydranten*** und den ***Signalen***? Um Sie nicht länger auf die Folter zu spannen - hier die …

Regel

Buchstabenverbindungen aus *Konsonant* plus ***l***, ***n*** oder ***r*** können in Fremdwörtern **getrennt** werden.

In Fremdwörtern wurden die folgenden Buchstabengruppen nach der bisherigen Regelung **nicht** getrennt:

- *bl – cl – fl – gl – kl – pl – phl*
- *gn – kn*
- *br – cr – dr – fr – gr – kr – pr – phr – tr – thr – vr*

Die neuen Regeln erlauben eine Trennung dieser Verbindungen. Allerdings bleiben auch die **bisherigen** Worttrennungen gültig:

Alt & Neu im Vergleich

alte Worttrennung	neue Worttrennung
Ta-blett	*Ta-blett / Tab-lett*
Zy-klus	*Zy-klus / Zyk-lus*
Ka-plan	*Ka-plan / Kap-lan*
Ma-gnet	*Ma-gnet / Mag-net*
Si-gnal	*Si-gnal / Sig-nal*
Fe-bru-ar	*Fe-bru-ar / Feb-ru-ar*
Hy-drant	*Hy-drant / Hyd-rant*
Qua-drat	*Qua-drat / Quad-rat*
Sa-kra-ment	*Sa-kra-ment / Sak-ra-ment*
neu-tral	*neu-tral / neut-ral*

Von Chi-rurgen und Pä-dagogen – Die Trennung von Zusammensetzungen, die nicht mehr als solche zu erkennen sind

Einheimische Wörter, bei denen es sich aus historischer Sicht um Zusammensetzungen handelt, wurden bislang zwischen den einzelnen Bestandteilen getrennt:
dar-aus, her-an, hin-aus, war-um, ein-an-der

Fremdwörter wurden bisher nach den in der Herkunftssprache üblichen Regeln getrennt:
Chir-urg, He-li-ko-pter, In-ter-es-se, Päd-ago-ge

Jetzt können Sie diese Wörter auch »offiziell« nach Sprech-sil-ben trennen. Die **bisherigen** Worttrennungen bleiben allerdings auch weiterhin gültig:

Regel

Wörter, die **nicht** mehr als Zusammensetzungen empfunden werden, können nach **Sprechsilben getrennt** werden.

Alt & Neu im Vergleich

alte Worttrennung	neue Worttrennung
dar-aus	dar-aus / da-raus
her-an	her-an / he-ran
hin-aus	hin-aus / hi-naus
war-um	war-um / wa-rum
ein-an-der	ein-an-der / ei-nan-der
Chir-urg	Chir-urg / Chi-rurg
He-li-ko-pter	He-li-ko-pter / He-li-kop-ter
In-ter-es-se	In-ter-es-se / In-te-res-se
Päd-ago-ge	Päd-ago-ge / Pä-da-go-ge

Die Getrennt- und Zusammenschreibung

Runde 12

Lieber Rad fahren statt Maschine schreiben – Verbindungen aus Substantiv und Verb

Bestimmte Verbindungen aus *Substantiv* und *Verb* waren bis zur Einführung der neuen Rechtschreibung fester Bestandteil in jedem »orthografischen Gruselkabinett« und brachten auch geübte Schreiber ganz schön in Verlegenheit. So konnte man zwar (getrennt) ***Auto fahren***, musste aber (zusammen) ***radfahren*** …

Wie Sie anhand der beiden Beispiele in der Überschrift bereits gesehen haben, gilt jetzt folgende …

Regel

Verbindungen aus *Substantiv* und *Verb* werden in der Regel **getrennt** geschrieben.

Alt & Neu im Vergleich

alte Schreibung	neue Schreibung
hofhalten	*Hof halten*
kegelschieben	*Kegel schieben*
maschineschreiben	*Maschine schreiben*
radfahren	*Rad fahren*

Besonderheiten

Die folgenden Wörter werden **zusammengeschrieben,** da das *Substantiv* als verblasst angesehen wird:

eislaufen, kopfstehen, standhalten, teilhaben, wundernehmen

Daher schreibt man auch:

Ich laufe eis.
Ich stehe kopf.

Runde 13

Er wird doch auch spazieren gehen – Verbindungen aus zwei Verben

Wie Sie sich bestimmt lebhaft vorstellen können, hat die neue Orthografie auch bei der Getrenntschreibung von ***spazieren gehen*** die Hände mit im Spiel:

Regel

Verbindungen aus einem *Verb* im *Infinitiv* und einem zweiten *Verb* werden in der Regel **getrennt** geschrieben.

Alt & Neu im Vergleich

alte Schreibung	neue Schreibung
spazierenfahren	*spazieren fahren*
spazierengehen	*spazieren gehen*

Wie bisher schreibt man:

- *baden gehen*
- *laufen lernen*
- *lesen üben*
- *tanzen lernen*

usw.

Besonderheiten

- Verbindungen mit ***bleiben*** oder ***lassen*** können **getrennt** oder **zusammengeschrieben** werden, wenn die Verbindung im **übertragenen** Sinne verwendet wird:

  liegen bleiben / liegenbleiben (»unerledigt bleiben«), *stehen lassen / stehenlassen* (»nicht länger beachten, sich abwenden«)

- Die Verbindung ***kennen lernen / kennenlernen*** kann ebenfalls **getrennt** oder **zusammengeschrieben** werden.

Runde 14

Den Teller leer essen oder leeressen – Verbindungen aus Adjektiv und Verb

Und schon ist die nächste Regel im Anmarsch:

Regel

Verbindungen aus *Adjektiv* und *Verb* können **getrennt** oder **zusammengeschrieben** werden, wenn ein einfaches, nicht dekliniertes *Adjektiv* das **Ergebnis** des vom *Verb* benannten Vorgangs beschreibt.

Einige Beispiele zur Verdeutlichung:

- *Das Glas **kaputt machen / kaputtmachen.***
- *Die Wurst **klein schneiden / kleinschneiden.***
- *Den Teller **leer essen / leeressen.***
- *Die Haare **blond färben / blondfärben.***

Besonderheiten

- Man schreibt **zusammen**, wenn die Verbindung eine **neue, übertragene Gesamtbedeutung** hat:

  etwas im Protokoll festhalten (»notieren«),
  einen Irrtum richtigstellen (»berichtigen«)

- Ist das *Adjektiv* **erweitert** oder **zusammengesetzt**, wird nur **getrennt** geschrieben:

  sehr groß schreiben, hellblond färben

- Auch in den übrigen Fällen schreibt man **getrennt**:

  auswendig lernen, kritisch denken

Runde 15

Hat hier irgendjemand irgendetwas vergessen? – Verbindungen mit »irgend-«

Die Überschrift zeigt bereits, wie sich die Verbindungen mit ***irgend-*** jetzt zeigen:

Regel

Verbindungen mit *irgend-* werden **zusammengeschrieben.**

Alt & Neu im Vergleich

alte Schreibung	neue Schreibung
irgend etwas	*irgendetwas*
irgend jemand	*irgendjemand*

Besonderheiten

Die Neuregelung gilt **nicht,** wenn der zweite Bestandteil der Verbindung **erweitert** ist:

irgend so ein, irgend so eine, irgend so einer, irgend so etwas

Runde 16

»Sein oder nicht sein?« … das ist hier die Frage – Verbindungen mit »sein«

Hier kommt auch schon die nächste Regel zur Getrennt- und Zusammenschreibung – ganz ohne Ausnahme!

Regel

Verbindungen mit *sein* werden **getrennt** geschrieben.

Alt & Neu im Vergleich

alte Schreibung	neue Schreibung
dabeisein	*dabei sein*
dasein	*da sein*
hiersein	*hier sein*
zusammensein	*zusammen sein*

Runde 17

mithilfe / mit Hilfe, infrage / in Frage stellen & Co. – Verbindungen aus Präposition und Substantiv

Dass Sie ***mithilfe / mit Hilfe*** der Trainingsrunden ***imstande / im Stande*** sind, mit der neuen Rechtschreibung ***zurande / zu Rande*** zu kommen, steht wohl zweifelsfrei fest. Jetzt erfahren Sie, wie man mit diesen Verbindungen umgeht:

Regel

Bestimmte häufig gebrauchte Verbindungen aus *Präposition* und *Substantiv* kann man **zusammen-** oder **getrennt schreiben.**

- *aufseiten / auf Seiten*
- *vonseiten / von Seiten*
- *mithilfe / mit Hilfe*
- *zugunsten / zu Gunsten*
- *zuungunsten / zu Ungunsten*
- *zulasten / zu Lasten*
- *außerstande / außer Stande (sein)*
- *imstande / im Stande (sein)*
- *infrage / in Frage (stellen)*
- *zugrunde / zu Grunde (gehen)*
- *zuhause / zu Hause*
- *zuleide / zu Leide (tun)*
- *zumute / zu Mute (sein)*
- *zurande / zu Rande (kommen)*
- *zuschanden / zu Schanden (machen)*
- *zustande / zu Stande (bringen)*
- *zutage / zu Tage (fördern)*
- *zuwege / zu Wege (bringen)*

Die Schreibung mit Bindestrich

Runde 18

Der 10-jährige Schüler bekommt 2-mal einen 1er – Zusammensetzungen mit Ziffern

Gleich eine positive Nachricht vorweg: Durch die Einführung der neuen Rechtschreibung hat sich der Gebrauch des Bindestrichs nicht großartig verändert. Er begegnet Ihnen auch weiterhin bei Zusammensetzungen mit **Einzelbuchstaben** und **Abkürzungen.** Wie wärs mit einigen Beispielen zur Auffrischung?

- **Zusammensetzungen mit Einzelbuchstaben**
  C-Dur, e-Moll, O-Beine, x-beliebig, y-Achse
  Binde-s, Dativ-e, Genitiv-s

- **Zusammensetzungen mit Abkürzungen**
  E-Mail, UV-Strahlen, ZDF-Intendant
  Tel.-Nr. (Telefonnummer), röm.-kath. (römisch-katholisch)

Jetzt wird dieser Gebrauch auch auf Zusammensetzungen mit **Ziffern** ausgedehnt:

Regel

In Zusammensetzungen mit **Ziffern** wird ein **Bindestrich** gesetzt.

Alt & Neu im Vergleich

alte Schreibung	neue Schreibung
12jährig	12-jährig
[der / die] 12jährige	[der / die] 12-Jährige
7mal	7-mal

Alt & Neu im Vergleich

alte Schreibung	neue Schreibung
1malig	1-malig
100prozentig	100-prozentig
4silbig	4-silbig
16ender	16-Ender
3karäter	3-Karäter
2pfünder	2-Pfünder
3tonner	3-Tonner
6zylinder	6-Zylinder

Natürlich geht es auch diesmal nicht ohne …

Besonderheiten

- Der Bindestrich **entfällt,** wenn die Ziffer mit einer *Nachsilbe* wie ***-[s]tel*** oder ***-er*** verbunden ist:

  *[das] **16t**el, [das] **30s**tel, [ein] **68e**r, **100%i**g*

- Der Bindestrich wird jedoch **gesetzt,** wenn die Ziffer und die *Nachsilbe* den Bestandteil einer Zusammensetzung bilden:

  *[der] **10er-B**lock, [die] **61er-B**ildröhre,*
  *[die] **68er-G**eneration*

- Bei Verbindungen mit der *Nachsilbe* ***-fach*** oder dem Wort ***Jahr*** ist die Schreibung **mit** und **ohne** Bindestrich zulässig:

  ***10-f**ach / **10f**ach, [das] **10-F**ache / [das] **10f**ache*

  *[die] **70er-J**ahre / [die] **70er J**ahre,*
  *[in den] **80er-J**ahren / [in den] **80er J**ahren*

- Steht nur **ein Buchstabe,** gefolgt von einer *Nachsilbe,* **setzt** man einen Bindestrich:

  *[zum] **x-ten** Mal, die **x-te** Wurzel*

Runde 19

Kaum zu glauben: der Fußball-Bundestrainer im Eishockey-Länderspiel – Die Gliederung von unübersichtlichen Zusammensetzungen

Nicht nur den »Bandwurmwörtern« wie dem berühmt-berüchtigten

Donaudampfschifffahrtsgesellschaftskapitänskajütentürschloss

kommt die neue Rechtschreibung zugute! Auch etwas kürzere Zusammensetzungen können jetzt mithilfe eines **Bindestrichs** lese-freundlicher gestaltet werden. Doch sehen Sie selbst …

Regel

Der **Bindestrich** kann zur Gliederung von **unübersichtlichen** Zusammensetzungen gesetzt werden.

Alt & Neu im Vergleich

alte Schreibung	neue Schreibung
Einkommensteuererklärung	*Einkommensteuererklärung / Einkommensteuer-Erklärung*
Eishockeyländerspiel	*Eishockeyländerspiel / Eishockey-Länderspiel*
Fußballbundestrainer	*Fußballbundestrainer / Fußball-Bundestrainer*
Straßenbahnfahrplan	*Straßenbahnfahrplan / Straßenbahn-Fahrplan*

Bei **einfachen** Zusammensetzungen sollten Sie dagegen auf den Bindestrich **verzichten.** – Um gleich beim Sport zu bleiben:

- *Eishockey* (nicht: **Eis-Hockey*)
- *Fußball* (nicht: **Fuß-Ball*)

Runde 20

Eine Shortstory mit Happyend – Der Bindestrich bei mehrgliedrigen Fremdwörtern

In den letzten Trainingsrunden haben Sie bereits die Änderungen bei der Schreibung und Trennung von Fremdwörtern kennengelernt. Doch auch beim Gebrauch des Bindestrichs in Fremdwörtern gibt es Neuigkeiten zu vermelden:

Ab sofort können Sie nahezu alle Fremdwörter aus der englischen Sprache **zusammenschreiben.** Allerdings ist es auch möglich, die einzelnen Bestandteile mit dem **Bindestrich** zu koppeln. Bitte achten Sie in diesen Fällen auf die **Großschreibung** des zweiten Bestandteils, sofern es sich hierbei um ein *Substantiv* handelt.

Die Wahl zwischen der Zusammenschreibung des Fremdworts oder dessen Koppelung mit Bindestrich sollten Sie in erster Linie von der **Lesbarkeit** des Worts abhängig machen: Während man zum Beispiel die Wörter ***Layout*** und ***Playback*** ohne Bindestrich problemlos lesen kann, ist er sicherlich beim ***Fulltimejob*** und der ***Sciencefiction*** ein gern gesehener Gast:

- *Fulltime-Job*
- *Science-Fiction*

Die folgende Regel bringt die ganze Sache nochmals auf den Punkt:

Regel

Der **Bindestrich** kann bei **mehrgliedrigen Fremdwörtern** zur besseren **Lesbarkeit** gesetzt werden.

Alt & Neu im Vergleich

alte Schreibung	neue Schreibung
Action-painting	*Actionpainting / Action-Painting*
Assessmentcenter	*Assessmentcenter / Assessment-Center*
Blackout	*Blackout / Black-out*
Comeback	*Comeback / Come-back*
Feedback	*Feedback / Feed-back*
Full-time-Job	*Fulltimejob / Fulltime-Job*
Handout	*Handout / Hand-out*
Kickdown	*Kickdown / Kick-down*
Layout	*Layout / Lay-out*
Midlife-crisis	*Midlifecrisis / Midlife-Crisis*
Moto-Cross	*Motocross / Moto-Cross*
Playback	*Playback / Play-back*
Science-fiction	*Sciencefiction / Science-Fiction*
Shopping-Center	*Shoppingcenter / Shopping-Center*

Verbindungen aus *Adjektiv* und *Substantiv* können Sie jetzt **zusammen-** oder **getrennt** schreiben, wenn der Hauptakzent auf dem ersten Bestandteil liegt. Bitte achten Sie darauf, dass in diesen Fällen **kein** Bindestrich gesetzt wird:

Alt & Neu im Vergleich

alte Schreibung	neue Schreibung
Common sense	*Commonsense / Common Sense*
Fast food	*Fastfood / Fast Food*
Happy-End	*Happyend / Happy End*
Hard Rock	*Hardrock / Hard Rock*

Alt & Neu im Vergleich

alte Schreibung	neue Schreibung
Hot dog	*Hotdog / Hot Dog*
Hot pants	*Hotpants / Hot Pants*
Short story	*Shortstory / Short Story*
Soft Drink	*Softdrink / Soft Drink*

aber nur:

- *Electronic Banking*
- *High Society*
- *Joint Venture*
- *New Economy*
- *Sudden Death*

usw.

Besonderheiten

Wenn der erste Bestandteil des Fremdworts **nicht** eigenständig existiert, wird **zusammengeschrieben**:

- *afroamerikanisch*
- *afroasiatisch*
- *Afrolook*
- *galloromanisch*
- *Neoliberalismus*

Die Groß- und Kleinschreibung

Runde 21

Wir danken dir für dein Verständnis – Die Schreibung der Anredepronomen

Auch beim Schreiben Ihrer Briefe kommt Ihnen die neue Rechtschreibung zugute - vor allem, wenn Sie den Empfänger duzen:

Regel

In **Briefen** und **Urkunden** können die Anrede*pronomen* ***du*** und ***ihr*** sowie die entsprechenden Possessiv*pronomen* ***dein*** und ***euer*** **klein**- oder **großgeschrieben** werden.

Alt & Neu im Vergleich

alte Schreibung	neue Schreibung
Ich danke Dir für Dein Foto, das Du mit Deiner Digitalkamera gemacht hast.	*Ich danke dir / Dir für dein / Dein Foto, das du / Du mit deiner / Deiner Digitalkamera gemacht hast.*
Wir freuen uns auf Euch und Eueren baldigen Besuch!	*Wir freuen uns auf euch / Euch und eueren / Eueren baldigen Besuch!*

Die obligatorische **Großschreibung** des Anrede*pronomens* ***Sie*** und des entsprechenden Possessiv*pronomens* ***Ihr*** bleibt dagegen bestehen:

- *Ich danke Ihnen für Ihr Foto, das Sie mit Ihrer Digitalkamera gemacht haben.*
- *Wir freuen uns auf Sie und Ihren baldigen Besuch!*

Runde 22

Das schwarze Brett im Auswärtigen Amt – Feste Verbindungen aus Adjektiv und Substantiv

Als erfahrener Leser dieses Trainingsbandes konnten Sie anhand der Überschrift bereits feststellen, dass es auch in dieser Runde um die Tücken der Groß- und Kleinschreibung geht. Eine neue Regel ist im Anmarsch:

Regel

Adjektive und *Substantive* können **feste** Verbindungen eingehen. Diese Verbindungen erhalten häufig im Laufe der Zeit eine eigene Bedeutung, die mehr ist als die Summe der Bedeutungen der einzelnen Wörter. In diesen Fällen ist neben der **Kleinschreibung** des *Adjektivs* auch die **Großschreibung** möglich.

Alt & Neu im Vergleich

alte Schreibung	neue Schreibung
das Schwarze Brett	*das schwarze / Schwarze Brett*
die rote Karte	*die rote / Rote Karte*
die Schwarze Magie	*die schwarze / Schwarze Magie*

Doch auch in diesem Bereich geht es leider nicht ohne einige …

Besonderheiten

- Es bleibt bei der **obligatorischen Großschreibung**, wenn es sich bei der festen Verbindung um einen **Eigennamen** handelt:

  das Alte und das Neue Testament
  die Deutsche Bibliothek in Frankfurt am Main
  das Erste Deutsche Fernsehen

Besonderheiten

- Auch in folgenden Fällen zeigt das *Adjektiv* seine »Größe«:

  Kalendertage
  der Erste Mai, der Heilige Abend

  Sternbilder
  der Große Löwe, der Kleine Bär

  historische Ereignisse und Epochen
  die Jüngere Steinzeit, der Westfälische Friede

  fachsprachliche Bezeichnungen bestimmter Arten in der Botanik und Zoologie
  der Blaue Enzian, die Gemeine Stubenfliege

  Titel, Ehren- und Amtsbezeichnungen
  der Heilige Vater, die Königliche Hoheit

- Achtung: **Feste** Verbindungen, die **keine** Eigennamen sind, werden weiterhin **kleingeschrieben:**

  das neue Jahr, das olympische Feuer

Runde 23

Heute Abend und morgen Vormittag – Die Schreibung der Tageszeiten

Nicht nur das ***Fleißige Lieschen*** des ***Ersten Bürgermeisters*** zeigt jetzt seine wahre »Größe«! Auch die **Tageszeiten** begegnen uns in neuer Rechtschreibung mit ihren **Großbuchstaben.**

Regel

Tageszeiten nach den *Adverbien* ***vorgestern, gestern, heute, morgen*** und ***übermorgen*** werden **großgeschrieben.**

Alt & Neu im Vergleich

alte Schreibung	neue Schreibung
vorgestern morgen	*vorgestern Morgen*
gestern mittag	*gestern Mittag*
heute abend	*heute Abend*
morgen nachmittag	*morgen Nachmittag*
übermorgen nacht	*übermorgen Nacht*

Besonderheiten

Tageszeiten, die mit einem Wochentag wie *Montag, Dienstag* oder *Mittwoch* verbunden sind, schreibt man **groß** und **zusammen**:

- *am Donnerstagabend*
- *am Sonntagnachmittag*
- *am Montagvormittag*

Runde 24

Alles Übrige bestimmt der Einzelne – Die Schreibung von unbestimmten Zahladjektiven

Die neue Rechtschreibung hat dazu geführt, dass mehr Wörter als bisher einen Großbuchstaben bekommen. Dies gilt auch für sogenannte *unbestimmte Zahladjektive,* die Ihnen häufig begegnen und daher besondere Aufmerksamkeit verdienen.

Regel

Unbestimmte Zahladjektive werden **großgeschrieben,** wenn sie einem *Artikel* oder *Pronomen* folgen.

Alt & Neu im Vergleich

alte Schreibung	neue Schreibung
[der / die / das] einzelne	*[der / die / das] Einzelne*
als einzelne[r]	*als Einzelne[r]*
jede[r] einzelne	*jede[r] Einzelne*
[der / die / das] einzige	*[der / die / das] Einzige*
als einzige[r]	*als Einzige[r]*
kein[e] einzige[r]	*kein[e] Einzige[r]*
alles übrige	*alles Übrige*

Doch wie heißt es so schön: Keine Regel ohne Ausnahme!

Besonderheiten

- Die folgenden vier Wörter werden in allen Beugeformen im Allgemeinen **kleingeschrieben:**

  ein – andere – viel – wenig

  Gleich zwei Beispiele zur Veranschaulichung:

  Die einen singen, die anderen tanzen.
  An der Konferenz nahmen viele teil.
  Nur wenige waren mit dem Inhalt zufrieden.

- Und die Ausnahme von der Ausnahme:
  Bei diesen vier berühmt-berüchtigten Wörtern ist auch **Großschreibung** zulässig, wenn die Wörter nicht als Beifügungen zu *Substantiven* gebraucht werden:

  Die Einen singen, die Anderen tanzen.

  aber nur:

  Die einen Kinder singen, die anderen Kinder tanzen.

Runde 25

Im Großen und Ganzen sind wir auf dem Laufenden – Die Schreibung von substantivierten Adjektiven in festen Wendungen

Auch bei einigen **festen** Wendungen, bei denen ein *Adjektiv* mit von der Partie ist, wird jetzt **großgeschrieben:**

Regel

Substantivierte *Adjektive* in **festen** Wendungen werden **großgeschrieben.**

Alt & Neu im Vergleich

alte Schreibung	neue Schreibung
im allgemeinen	*im Allgemeinen*
im besonderen	*im Besonderen*
zum besten	*zum Besten*
im folgenden	*im Folgenden*
im geringsten	*im Geringsten*
im großen und ganzen	*im Großen und Ganzen*
im wesentlichen	*im Wesentlichen*
um ein beträchtliches	*um ein Beträchtliches*
nicht im entferntesten	*nicht im Entferntesten*
im dunkeln tappen (»nicht Bescheid wissen«)	*im Dunkeln tappen*
ins trockene bringen (»sich wirtschaftlich gesichert haben«)	*ins Trockene bringen*
im trüben fischen (»unklare Zustände zum eigenen Vorteil ausnutzen«)	*im Trüben fischen*

Besonderheiten

- Bestimmte feste Verbindungen aus *Präposition* und *Adjektiv* ohne vorangehenden *Artikel* zeigen sich weiterhin mit einem **kleinen** Anfangsbuchstaben:

  durch dick und dünn
  über kurz oder lang
  von klein auf
  von nah und fern
  schwarz auf weiß
  grau in grau

- Wenn das *Adjektiv* durch eine *Deklination* sein Aussehen verändert, haben Sie **freie Wahl:**

  von neuem / von Neuem
  von weitem / von Weitem
  bis auf weiteres / bis auf Weiteres
  seit längerem / seit Längerem

Runde 26

Angst machen, aufs Beste regeln & Co. – Einzelfallregelungen

In dieser Runde lernen Sie noch einige Feinheiten der Groß- und Kleinschreibung kennen:

- **Der Fall Angst machen:**
  Die Wörter ***angst, bange, gram, leid, pleite*** und ***schuld*** werden in Verbindung mit den *Verben* ***sein*** oder ***werden*** **kleingeschrieben:**

  Mir ist angst und bange.
  Sie ist mir gram.
  Ich bin das alles leid.
  Die Firma ist pleite.
  Daran ist er schuld.

aber:

[jemandem] Angst und Bange machen
[jemandem] Schuld geben

- **Der Fall Arm und Reich:**
  Paarformeln für die Bezeichnung von Personen werden jetzt generell **großgeschrieben:**

  Arm und Reich
  Groß und Klein
  Jung und Alt

- **Der Fall auf Deutsch sagen:**
  Sprachbezeichnungen nach *Präpositionen* werden ebenfalls **großgeschrieben:**

  auf Deutsch sagen
  dies heißt auf Französisch
  der in Englisch geschriebene Brief

- **Der Fall als Erster:**
  Auch substantivierte *Ordnungszahlen* werden jetzt generell **großgeschrieben:**

  als Erster (im Ziel)
  als Letzter (fertig werden)
  der Nächste (an der Reihe)

- **Der Fall Hundert / hundert:**
  Die Wörter ***hundert*** und ***tausend*** können **groß-** oder **kleingeschrieben** werden, wenn mit ihnen eine **unbestimmte Menge** bezeichnet wird:

  mehrere Hundert / hundert Mitarbeiterinnen und Mitarbeiter
  viele Tausende / tausende Teilnehmerinnen und Teilnehmer

- **Der Fall aufs Beste / aufs beste:**
  Superlative, die mit dem Wort ***aufs*** gebildet werden, können **groß-** oder **kleingeschrieben** werden:

  [etwas] aufs Beste regeln / aufs beste regeln,
  [jemanden] aufs Herzlichste begrüßen / [jemanden] aufs herzlichste begrüßen

Die Zeichensetzung

Runde 27

Manuela liest ein Buch [,] und Markus arbeitet im Garten – Die Kommasetzung vor »und« bzw. »oder«

Die Kommasetzung vor den Wörtern ***und*** bzw. ***oder*** war bislang mit Vorsicht zu genießen! So musste man zwischen zwei *Hauptsätzen*, die mit einem der beiden Wörter verbunden waren, in der Regel ein Komma setzen.

Die Setzung dieses Kommas ist auch jetzt zulässig, aber **nicht** mehr bindend vorgeschrieben. Es sollte verwendet werden, wenn

- die **Lesbarkeit** des Satzes dadurch verbessert werden kann oder
- mögliche **Missverständnisse** dadurch zu vermeiden sind.

Regel

Hauptsätze, die mit **und** bzw. **oder** verbunden sind, müssen **nicht** mithilfe eines **Kommas** voneinander getrennt werden.

Alt & Neu im Vergleich

alte Zeichensetzung	neue Zeichensetzung
Er suchte einen Parkplatz, und sie besorgte einen Einkaufswagen.	*Er suchte einen Parkplatz [,] und sie besorgte einen Einkaufswagen.*
Heute Nachmittag arbeite ich am Computer, oder ich lese das Buch zu Ende.	*Heute Nachmittag arbeite ich am Computer [,] oder ich lese das Buch zu Ende.*

Besonderheiten

Das Komma vor den Wörtern ***und*** bzw. ***oder*** ist erforderlich, wenn ein *Nebensatz* eingeschoben wird:

Wir müssen die Recherche am PC beenden, weil die Online-Verbindung nicht mehr hergestellt werden kann, und morgen die Arbeit fortsetzen.

Runde 28

Sie nahm sich vor [,] die neue Rechtschreibung zu erlernen – Die Kommasetzung bei Infinitivgruppen

Auch bei Sätzen, in denen - vereinfacht gesagt - das Wörtchen ***zu*** auftaucht, hat sich die Kommasetzung verändert:

Regel

Bei *Infinitiv*gruppen **kann** zur Verdeutlichung der **Satzgliederung** oder zur Vermeidung von **Missverständnissen** ein **Komma** gesetzt werden.

Alt & Neu im Vergleich

alte Zeichensetzung	neue Zeichensetzung
Sie versuchte, die Sache zu klären.	*Sie versuchte [,] die Sache zu klären.*
Die Ursache festzustellen, ist nicht möglich.	*Die Ursache festzustellen [,] ist nicht möglich.*

Besonderheiten

In diesen Fällen ist der Gebrauch des Kommas jedoch **zwingend** erforderlich:

- Die *Infinitiv*gruppe wird mit ***als, [an]statt, außer, ohne, um*** eingeleitet:

  *Er konnte nichts Besseres tun, **als zu** reiten.*

  *Sie spielte, **[an]statt zu** arbeiten.*

  *Er hatte nichts zu tun, **außer** seine Kollegen ständig **zu** beobachten.*

  *Er sagte dies, **ohne** mich dabei anzusehen.*

  *Er ging in das Geschäft, **um** einen Blumentopf **zu** kaufen.*

- Die *Infinitiv*gruppe hängt von einem *Substantiv* ab:

  *Er fasste den **Gedanken,** die Arbeitsstelle **zu** wechseln.*

  *Sie hat den **Wunsch,** im Beruf Karriere **zu** machen.*

- Die *Infinitiv*gruppe wird durch ein **hinweisendes Wort angekündigt** oder **wieder aufgenommen**:

  *Hier bin ich **dafür,** über das weitere Vorgehen ab**zu**stimmen.*

  *Wichtig ist **es,** sich mit den neuen Regeln auseinander**zu**setzen.*

Und die Ausnahme von der Ausnahme:

- Bei **einfachen** *Infinitiven* mit ***zu*** ist auch bei hinweisendem Wort und bei Abhängigkeit von einem *Substantiv* das Komma freigestellt:

  *Sie hasste **es** [,] ab**zu**waschen.*

  *Sein **Vorschlag** [,] **zu** warten [,] wurde begrüßt.*

Runde 29

»Jetzt habe ich mit der neuen Rechtschreibung keine Probleme mehr!«, rief sie. – Die Kommasetzung in Verbindung mit Anführungszeichen

Bei der *direkten Rede* steht der **Begleitsatz** meistens vor oder nach der wörtlich wiedergegebenen Äußerung:

J. F. Kennedy sagte:	*»Ich bin ein Berliner.«*
Begleitsatz	*direkte Rede* (hier: *Aussagesatz*)

»Ich bin ein Berliner«,	*sagte J. F. Kennedy.*
direkte Rede (hier: *Aussagesatz*)	**Begleitsatz**

Wenn der Begleitsatz der *direkten Rede* folgt, wird nach dem schließenden Anführungszeichen ein **Komma** gesetzt, wenn es sich bei der wörtlich wiedergegebenen Äußerung um einen *Aussagesatz* handelt.

Dieses **Komma** wird nach den neuen Regeln auch bei *Fragesätzen* (erkennbar am **?**) und *Ausrufesätzen* (erkennbar am **!**) gesetzt.

Regel

Folgt einer *direkten Rede* ein **Begleitsatz,** so steht nach dem schließenden Anführungszeichen immer ein **Komma.**

Alt & Neu im Vergleich

alte Zeichensetzung	neue Zeichensetzung
»Möchten Sie ein Stück Kuchen?« fragte sie.	*»Möchten Sie ein Stück Kuchen?«, fragte sie.*
»Gehst du mit mir heute ins Kino?« fragte er.	*»Gehst du mit mir heute ins Kino?«, fragte er.*
»Halten Sie den Dieb!« rief die ältere Dame.	*»Halten Sie den Dieb!«, rief die ältere Dame.*
»Lass mich doch in Ruhe!« erwiderte Daniela.	*»Lass mich doch in Ruhe!«, erwiderte Daniela.*

Runde 30

Das hör ich gern! – Kein Apostroph für das ausgelassene Schluss-e bei Verbformen

Kaum zu glauben: Sie sind bereits bei der letzten Trainingsrunde gelandet. »Das ***hör*** ich gern!«, werden Sie bestimmt sagen – und wie Sie solche *Verb*formen schreiben, erfahren Sie jetzt:

Regel

Bei gut lesbaren *Verb*formen wird für das **ausgefallene** Schluss-**e** **kein** *Apostroph* gesetzt.

Alt & Neu im Vergleich

alte Schreibung	neue Schreibung
Ich bring' das weg! (für: Ich bringe das weg!)	*Ich bring das weg!*
Das hör' ich gern! (für: Das höre ich gern!)	*Das hör ich gern!*
Ich komm' sofort! (für: Ich komme sofort!)	*Ich komm sofort!*

Alt & Neu im Vergleich

alte Schreibung	neue Schreibung
Das nehm' ich mir! *(für: Das nehme ich mir!)*	*Das nehm ich mir!*
Dies werd' ich dir sagen! *(für: Dies werde ich dir sagen!)*	*Dies werd ich dir sagen!*

Übrigens:
Bei den umgangssprachlich häufig auftretenden Verkürzungen des *Pronomens es* zu *s* ist der Gebrauch des *Apostrophs* zwar nicht falsch, aber meistens **überflüssig.** Schließlich sind diese Formen auch so gut lesbar:

Alt & Neu im Vergleich

alte Schreibung	neue Schreibung
Wie geht's dir heute? *(für: Wie geht es dir heute?)*	*Wie gehts dir heute?* *neben:* *Wie geht's dir heute?*
Und – wie hat's dir gefallen? *(für: Und – wie hat es dir gefallen?)*	*Und – wie hats dir gefallen?* *neben:* *Und – wie hat's dir gefallen?*
Sag's ihr doch mal! *(für: Sag es ihr doch mal!)*	*Sags ihr doch mal!* *neben:* *Sag's ihr doch mal!*
Wenn's mal passt! *(für: Wenn es mal passt!)*	*Wenns mal passt!* *neben:* *Wenn's mal passt!*

Langer Rede kurzer Sinn:

Das wars …!

Grammatische Fachbegriffe

***Hinweis:** Der nach rechts gerichtete Pfeil ➪ steht anstelle des Wortes »siehe« und verweist auf andere Stellen innerhalb dieses Kapitels.*

Adjektiv, das: *Eigenschaftswort.* Adjektive bezeichnen die Eigenschaften oder Merkmale von Lebewesen, Dingen, Vorgängen und Zuständen. Beispiele: *gut, schlecht, heiß, kalt, groß, klein, alt, neu, klug, mutig, ängstlich, schwierig, wichtig.*

Adverb, das: *Umstandswort.* Adverbien bestimmen die Umstände oder Zustände eines Geschehens näher. Sie geben Auskunft über den Ort (*oben, unten*), die Zeit (*gestern, heute*), die Art und Weise (*sehr, gern*) sowie den Grund (*deshalb, darum*) des Geschehens.

Apostroph, der: *Auslassungszeichen (').* Mit dem Apostroph wird zum Teil das Fehlen eines Buchstabens oder mehrerer Buchstaben in einem Wort gekennzeichnet. Beispiele: *'s ist so weit* (für: *es ist so weit*), *Ku'damm* (für: *Kurfürstendamm*). Außerdem wird der Apostroph zur Kennzeichnung des Genitivs (zweiter Fall) von Namen gesetzt, die auf *s, ss, ß, tz, z* oder *x* enden. Beispiele: *Claudius' Gedichte, Heinz' Geburtstag, Marx' Philosophie.*

Artikel, der: *Geschlechtswort.* Artikel sind die Begleiter des ➪ **Substantivs** und zeigen das grammatische Geschlecht an. Zu den Artikeln gehören die Wörter *der, die, das, ein* und *eine.*

Ausrufesatz, der: *Aufforderungssatz.* Der Ausrufesatz ist eine Satzart, in der eine Anweisung, eine Aufforderung oder ein Befehl gegeben wird. Nach einem Ausrufesatz wird in der Regel ein Ausrufezeichen gesetzt. Beispiel: *Alle mal zuhören!* – Zu den Satzarten gehören neben dem Ausrufesatz auch der ➪ **Aussagesatz** und der ➪ **Fragesatz**.

Aussagesatz, der: *Mitteilungssatz.* Der Aussagesatz ist eine Satzart, in der etwas mitgeteilt oder festgestellt wird. Nach einem Aussagesatz wird in der Regel ein Punkt gesetzt. Beispiel: *Die neue Rechtschreibung wurde am 1. August 1998 eingeführt.* – Zu den Satzarten gehören neben dem Aussagesatz auch der ➪ **Ausrufesatz** und der ➪ **Fragesatz**.

direkte Rede, die: *wörtliche Rede.* Die direkte Rede gibt eine Äußerung in Originalfassung, also wortwörtlich, wieder. Beispiel: *Andreas sagte: »Heute gehe ich ins Schwimmbad.«*

Deklination [des Adjektivs], die: *Beugung [des Eigenschaftsworts].* Bei der Deklination des ➪ **Adjektivs** wird das Wort in seiner Form verändert. Im Regelfall wird dies durch eine Endung sichtbar. Beispiele: *eine warm<u>e</u> Mahlzeit, ein hart<u>er</u> Stein, ein weich<u>es</u> Material.*

Doppellaut, der: *Zwielaut, Diphthong.* Zu den Doppellauten gehören *ei, ai, eu, au, äu.*

Eigenname, der: Eigennamen sind ➪ **Substantive** und bezeichnen ein einzelnes Lebewesen oder eine einzelne Sache. Zu den Eigennamen gehören Personennamen (*Konrad Duden*), geografische Namen (*Europa, Deutschland, Bayern, München*), Namen von Bauwerken und Himmelskörpern (*der Schiefe Turm von Pisa, der Große Wagen*) sowie Namen von Einrichtungen und Institutionen (*Vereinte Nationen, Deutscher Bundestag*). Auch historische Ereignisse (*Zweiter Weltkrieg*), Titel, Ehren- und Amtsbezeichnungen (*Heiliger Vater*) sowie feste fachsprachliche Begriffe (*der Rote Milan*) werden als Eigennamen angesehen.

Fragesatz, der: Der Fragesatz ist eine Satzart, in der eine Frage gestellt wird. Nach einem Fragesatz wird in der Regel ein Fragezeichen gesetzt. Beispiel: *Wohin fahren Sie in den Urlaub?* – Zu den Satzarten gehören neben dem Fragesatz auch der ➪ **Ausrufesatz** und der ➪ **Aussagesatz**.

Hauptsatz, der: Hauptsätze sind eigenständige Sätze und können – im Gegensatz zum ➪ **Nebensatz** – allein stehen. Beispiele: *Er liest. Sie schreibt. Das Kind malt.*

Infinitiv, der: *Grundform, Nennform.* Unveränderte Form des ➪ **Verbs**, die auch in Wörterbüchern und Lexika zu finden ist. Beispiele: *singen* (dagegen verändert: *[du] singst, [wir haben]* *gesungen*), *spielen* (dagegen verändert: *[ich] spiele, [sie haben] gespielt*).

Konjunktion, die: *Bindewort.* Konjunktionen verbinden Sätze, Satzglieder und einzelne Wörter miteinander. Beispiele: *und, oder, aber, deshalb, dass, jedoch, als, während, damit, weil, entweder – oder, sowohl – als auch, weder – noch.*

Konsonant, der: *Mitlaut.* Konsonanten sind Laute, die nur in Verbindung mit einem ➪ **Vokal** gesprochen werden können: *b, c, d, f, g, h, j, k, l, m, n, p, q, r, s, t, v, w, x, y, z.* – Gegensatz: ➪ **Vokal**.

Nachsilbe, die: *Suffix.* Nachsilben sind Wortbausteine, die am Ende eines Wortes stehen. Beispiele: *versehentlich, kräftig, seltsam, glaubhaft, kindisch.*

Nebensatz, der: *Gliedsatz.* Nebensätze sind von einem anderen Satz abhängig und können – im Gegensatz zum ➪ **Hauptsatz** – nicht allein stehen. Beispiele: *Wir freuen uns, dass Sie sich für uns Zeit genommen haben. Falls wir eine Einladung erhalten, kommen wir. Das Mailing, das ich momentan verfasse, muss morgen versandt werden.*

Ordnungszahl, die: *Ordinalzahl.* Ordnungszahlen bezeichnen die Reihenfolge von Personen und Dingen. Beispiele: *erster, zweiter, dritter, hundertster, tausendster, zehntausendster.*

Plural, der: *Mehrzahl.* Der Plural zeigt an, dass es sich um mehrere Personen, Lebewesen und Dinge handelt. Beispiele: *Menschen, Männer, Frauen, Löwen, Affen, Rosen.* ➪ auch **Substantiv**.

Präposition, die: *Verhältniswort.* Präpositionen fügen Satzglieder in einen Satz ein und kennzeichnen Beziehungen verschiedener Art. Beispiele: *auf, hinter, unter, neben; um, bis, bei, nach; mit, ohne, von, wegen.*

Pronomen, das: *Fürwort.* Bei den Pronomen sind zahlreiche Untergruppen zu verzeichnen. Hier eine Auswahl:

- **Personalpronomen** oder **persönliche Fürwörter:**
  ich, du / Sie, er, sie, es, wir, ihr / Sie, sie

- **Relativpronomen** oder **bezügliche Fürwörter:**
  der, die, das, welche, welcher, welches
- **Reflexivpronomen** oder **rückbezügliche Fürwörter:**
  sich, mir, mich, dir, dich, euer
- **Demonstrativpronomen** oder **hinweisende Fürwörter:**
  diese, dieser, dieses, jene, jener, jenes, selbst, selber
- **Possessivpronomen** oder **besitzanzeigende Fürwörter:**
  mein, dein / ihr, sein, unser, euer / Ihr, ihr
- **Anredepronomen** oder **Anredefürwörter:**
  du, ihr (vertraute Anrede);
  Sie, Ihrer, Ihnen (Höflichkeitsform)

Substantiv, das: *Hauptwort, Namenwort, Nomen.* Substantive bezeichnen Personen, andere Lebewesen, konkrete Dinge sowie abstrakte Begriffe. Beispiele: *Mensch, Mann, Frau, Löwe, Affe, Rose, Tisch, Stuhl, Freiheit, Freundschaft, Hoffnung, Treue.*

Superlativ, der: *Meiststufe, Höchststufe.* Der Superlativ ist die zweite Steigerungsstufe des ➪ **Adjektivs** und wird mit der ➪ **Nachsilbe** *-st* oder *-est* gebildet. Beispiele: *kleinste, längste, weiteste, interessanteste.*

unbestimmtes Zahladjektiv ➪ **Zahladjektiv, unbestimmtes**.

Verb, das: *Zeitwort, Tätigkeitswort, Tunwort.* Mit Verben werden Handlungen, Vorgänge und Zustände beschrieben. Beispiele: *lesen, schreiben, essen, singen, tanzen, regnen, wachsen, schlafen, leben, helfen, leuchten, riechen, fühlen.*

Vokal, der: *Selbstlaut.* Vokale sind Laute, die für sich allein klingen: *a, e, i, o, u.* Auch die Umlaute *ä, ö, ü* werden zu den Vokalen gezählt. – Gegensatz: ➪ **Konsonant**.

Zahladjektiv, unbestimmtes: *unbestimmtes Zahlwort.* Mit unbestimmten Zahladjektiven werden nicht zählbare Mengen und Größen bezeichnet. Beispiele: *wenige, viele, alle, jeder, einzelne, einige, mehrere, etliche, ein paar, verschiedene.*

Von Abend bis Zuschuss – 300 Neuschreibungen, an denen Sie nicht vorbeikommen

Diese Duden-geprüfte Wörterliste verzeichnet 300 typische Neuschreibungen, die Sie sich merken sollten.

Die linke Spalte verzeichnet die Wörter und Wendungen in alter Rechtschreibung; die rechte Spalte gibt die neuen Schreibweisen nach der Reform wieder. Mit einem Schrägstrich sind Schreibvarianten voneinander abgetrennt.

alte Schreibung	neue Schreibung
A	
abend / Abend	
gestern / heute abend	gestern / heute Abend
Montag abend	Montagabend
abends	
Montag abends	montagabends
Abfluß	**Abfluss**
Abriß	**Abriss**
Abschluß	**Abschluss**
Abschuß	**Abschuss**
acht / Acht	
acht geben	Acht geben / achtgeben (*aber nur:* sehr, gut, genau achtgeben; große Acht geben)
in acht nehmen	in Acht nehmen
acht-	
achtmal	achtmal / acht Mal *(bei besonderer Betonung)*
8fach	8fach / 8-fach
das 8fache	das 8fache / 8-Fache
ähnliches	**Ähnliches**
und / oder ähnliches (u. ä. / o. ä.)	und / oder Ähnliches (u. Ä. / o. Ä.)

alte Schreibung	neue Schreibung
allein	
alleinerziehend	allein erziehend / alleinerziehend
alleinseligmachend	allein seligmachend / allein selig machend
allgemein	
im allgemeinen	im Allgemeinen
allgemeingültig	allgemein gültig / allgemeingültig
allgemeinverständlich	allgemein verständlich / allgemeinverständlich
allzu	
allzubald	allzu bald
allzugern	allzu gern
Alptraum	**Alptraum / Albtraum**
Anbiß	**Anbiss**
anders	
andersdenkend	anders denkend / andersdenkend
anderslautend	anders lautend / anderslautend
Anlaß	**Anlass**
Anschluß	**Anschluss**
As	**Ass**
Aufschluß	**Aufschluss**
Aufsehen	
aufsehenerregend	Aufsehen erregend / aufsehenerregend
auf seiten	**aufseiten / auf Seiten**
aufwendig	**aufwendig / aufwändig**
Ausfluß	**Ausfluss**
Ausguß	**Ausguss**
Ausschluß	**Ausschluss**
Ausschuß	**Ausschuss**

B

bange / Bange	
jemandem angst und bange machen	jemandem Angst und Bange machen
bankrott	
bankrott gehen	bankrottgehen

alte Schreibung	neue Schreibung
Baß	**Bass**
befaßt	**befasst**
behende	**behände**
bekannt	
bekanntgeben	bekannt geben / bekanntgeben
bekanntmachen	bekannt machen / bekanntmachen
belemmert	**belämmert**
beliebig	
alles / jeder beliebige	alles / jeder Beliebige
Bendel	**Bändel**
bereit	
bereiterklären	bereit erklären / bereiterklären
bereitmachen	bereit machen / bereitmachen
Beschiß	**Beschiss**
Beschluß	**Beschluss**
Beschuß	**Beschuss**
besser / beste	
bessergehen	besser gehen / bessergehen
zum besten geben / halten	zum Besten geben / halten
Bettuch	**Betttuch / Bett-Tuch**
Bezug	
in bezug auf	in Bezug auf
Biß	**Biss**
bißchen	**bisschen**
blaß	**blass**
Boß	**Boss**
Brennessel	**Brennnessel / Brenn-Nessel**
Busineß	**Business**

C

Cleverneß	**Cleverness**
Comeback	**Comeback / Come-back**
Countdown	**Countdown / Count-down**

alte Schreibung	neue Schreibung
D	
da	
dasein	da sein
dagewesen	da gewesen / dagewesen
daheim	
daheim bleiben	daheimbleiben
daß	**dass**
Dein / dein	
Dein *(in Briefen)*	dein (*in Briefen auch:* Dein)
Delphin	**Delphin / Delfin**
deutsch / Deutsch	
auf / in deutsch	auf / in Deutsch
Diät	
diät leben	Diät leben
Dich / dich	
Dich *(in Briefen)*	dich (*in Briefen auch:* Dich)
dicht	
dichtbehaart	dicht behaart / dichtbehaart
dunkel	
im dunkeln lassen / tappen	im Dunkeln lassen / tappen
dußlig	**dusslig**
E	
ebenso	
ebensogut	ebenso gut
ebensolange	ebenso lange
Eid	
an Eides Statt	an Eides statt
einbleuen	**einbläuen**
Einfluß	**Einfluss**
Einlaß	**Einlass**
Einschuß	**Einschuss**
einzelne / Einzelne	
der / die / das einzelne	der / die / das Einzelne
im einzelnen	im Einzelnen
Ekel	
ekelerregend	Ekel erregend / ekelerregend

alte Schreibung	neue Schreibung
Entschluß	**Entschluss**
Erfolg	
erfolgversprechend	Erfolg versprechend / erfolgversprechend
Erlaß	**Erlass**
erste / Erste	
der / die / das erste	der / die / das Erste
als erster	als Erster
eßbar	**essbar**
Euch / euch	
Euch *(in Briefen)*	euch (*in Briefen auch:* Euch)

F

Facette	**Facette / Fassette**
Fairneß	**Fairness**
Faß	**Fass**
Fast food	**Fastfood / Fast Food**
Feedback	**Feedback / Feed-back**
Feind	
jemandem feind bleiben	jemandem Feind bleiben
Fitneß	**Fitness**
Fluß	**Fluss**
Fön	**Föhn** (*Haartrockner; als Markenname weiterhin:* **Fön**)
folgend	
folgendes	Folgendes
im folgenden	im Folgenden
Friteuse	**Fritteuse**
Furcht	
furchterregend	Furcht erregend / furchterregend
fußlig	**fusslig**

G

ganz	
im großen und ganzen	im Großen und Ganzen

alte Schreibung	neue Schreibung
Gebiß	**Gebiss**
gefangen	
gefangengenommen	gefangen genommen / gefangengenommen
gefangenhalten	gefangen halten
gefangennehmen	gefangen nehmen
Gemse	**Gämse**
genau	
genausogut	genauso gut
Genuß	**Genuss**
Geographie	**Geographie / Geografie**
gerade	
geradehalten	gerade halten
geraderichten	gerade richten / geraderichten
gering	
geringachten	gering achten / geringachten
geringschätzen	gering schätzen / geringschätzen
nicht das geringste	nicht das Geringste
im geringsten	im Geringsten
getrennt	
getrenntlebend	getrennt lebend / getrenntlebend
Gewinn	
gewinnbringend	Gewinn bringend / gewinnbringend
gewiß	**gewiss**
glatt	
glatthobeln	glatt hobeln / glatthobeln
glattkämmen	glatt kämmen / glattkämmen
gleich	
der / die / das gleiche	der / die / das Gleiche
gleichdenkend	gleich denkend / gleichdenkend
Grammophon	**Grammophon / Grammofon**
gräßlich	**grässlich**
Grauen	
grauenerregend	Grauen erregend / grauenerregend
Greuel	**Gräuel**

alte Schreibung	neue Schreibung
groß	
um ein großes	um ein Großes
im großen und ganzen	im Großen und Ganzen
Guß	**Guss**

H

Halt	
Halt rufen	Halt / halt rufen
haltmachen	Halt machen / haltmachen
Hämorrhoide	**Hämorrhoide / Hämorride**
Happy-End	**Happyend / Happy End**
Haß	**Hass**
häßlich	hässlich
Hawaii-Insel	**Hawaiiinsel / Hawaii-Insel**
hier	
hierzulande	hierzulande / hier zu Lande
Hilfe	
hilfesuchend	Hilfe suchend / hilfesuchend
Hosteß	**Hostess**

I/J

Imbiß	**Imbiss**
imstande	**imstande / im Stande**
irgend	
irgend etwas	irgendetwas
irgend jemand	irgendjemand
Jäheit	**Jähheit**
Joghurt	**Joghurt / Jogurt**

K

Kaffee-Ernte	**Kaffeeernte / Kaffee-Ernte**
Känguruh	**Känguru**
Karamel	**Karamell**
Katarrh	**Katarrh / Katarr**

alte Schreibung	neue Schreibung
kennen	
kennenlernen	kennen lernen / kennenlernen
keß	**kess**
Ketchup	**Ketchup / Ketschup**
klein	
kleinhacken	klein hacken / kleinhacken
kleinschneiden	klein schneiden / kleinschneiden
bis ins kleinste	bis ins Kleinste
Koloß	**Koloss**
Kompaß	**Kompass**
Kompromiß	**Kompromiss**
Kongreß	**Kongress**
Kraft	
kraftraubend	Kraft raubend / kraftraubend
kraß	**krass**
kroß	**kross**
Kuß	**Kuss**

L

alte Schreibung	neue Schreibung
Land	
hierzulande	hierzulande / hier zu Lande
Lasten	
zulasten	zulasten / zu Lasten
laufenden / Laufenden	
auf dem laufenden sein	auf dem Laufenden sein
leicht	
leichtbekömmlich	leicht bekömmlich / leichtbekömmlich
leichtentzündlich	leicht entzündlich / leichtentzündlich
leichtverdaulich	leicht verdaulich / leichtverdaulich
leichtverderblich	leicht verderblich / leichtverderblich
leichtverständlich	leicht verständlich / leichtverständlich

alte Schreibung	neue Schreibung
leid / Leid	
leid tun	leidtun
zuleide tun	zuleide / zu Leide tun

M

mal / Mal	
1mal	1-mal
sovielmal	sovielmal / so viel Mal
wievielmal	wievielmal / wie viel Mal
Mesner	**Mesner / Messner**
Midlife-crisis	**Midlifecrises / Midlife-Crisis**
mißachten	**missachten**
Mop	**Mopp**
Mund	
einen Mundvoll	einen Mundvoll / Mund voll
muß	**muss**

N

Nachlaß	**Nachlass**
Narziß	**Narziss**
naß	**nass**
noch mal	**noch mal / nochmal**
Not	
notleidend	Not leidend / notleidend (*aber nur:* äußerst notleidend; große Not leidend)
numerieren	**nummerieren**
Nuß	**Nuss**

O

öfter	
des öfteren	des Öfteren

alte Schreibung	neue Schreibung
P/Q	
Paragraph	**Paragraph / Paragraf**
Paß	**Pass**
plazieren	**platzieren**
Pleite	
pleite gehen	pleitegehen
Potential	**Potential / Potenzial**
potentiell	potentiell / potenziell
Probe	
probefahren	Probe fahren
probelaufen	Probe laufen
Prozeß	**Prozess**
Quentchen	**Quäntchen**
R	
Rad	
radfahren	Rad fahren
radschlagen	Rad schlagen
rauh	**rau**
recht / Recht	
recht behalten	recht / Recht behalten
recht haben	recht / Recht haben
Rezeß	**Rezess**
Riß	**Riss**
Roheit	**Rohheit**
Roß	**Ross**
Rußland	**Russland**
S	
sauber	
sauberhalten	sauber halten
saubermachen	saubermachen / sauber machen
Schenke	**Schenke / Schänke**

alte Schreibung	neue Schreibung
scheu	
scheu machen	scheu machen / scheumachen
Schiffahrt	**Schifffahrt / Schiff-Fahrt**
Schloß	**Schloss**
Schluß	**Schluss**
schneuzen	**schnäuzen**
schuld / Schuld	
schuld geben	Schuld geben
schuld haben	Schuld haben
zuschulden kommen lassen	zuschulden / zu Schulden kommen lassen
Schuß	**Schuss**
Seite	
auf seiten	aufseiten / auf Seiten
von seiten	vonseiten / von Seiten
selbst	
selbstgebacken	selbstgebacken / selbst gebacken
selbstgebraut	selbstgebraut / selbst gebraut
selbstgedreht	selbstgedreht / selbst gedreht
selbständig	**selbständig / selbstständig**
seßhaft	**sesshaft**
so	
so daß	so dass / sodass
sogenannt	so genannt / sogenannt
soviel für heute	so viel für heute
Spaghetti	**Spaghetti / Spagetti**
spazieren	
spazierenfahren	spazieren fahren
spazierengehen	spazieren gehen
Stand	
außerstande	außerstande / außer Stande
imstande	imstande / im Stande
statt	
statt dessen	stattdessen
Stengel	**Stängel**
Stewardeß	**Stewardess**
Stilleben	**Stillleben / Still-Leben**
Stop	**Stopp**

alte Schreibung	neue Schreibung
Streß	**Stress**
Stukkateur	**Stuckateur**

T

Thunfisch	**Thunfisch / Tunfisch**
Tip	**Tipp**
Tolpatsch	**Tollpatsch**
trocken	
auf dem trockenen sitzen	auf dem Trockenen sitzen
ins trockene bringen	ins Trockene bringen
tschüs	**tschüs / tschüss**

U

Überschuß	**Überschuss**
überschwenglich	**überschwänglich**
übrig	
alles übrige	alles Übrige
unbewußt	**unbewusst**
unerläßlich	**unerlässlich**
ungewiß	**ungewiss**
Ungunst	
zuungunsten	zuungunsten / zu Ungunsten
unmißverständlich	**unmissverständlich**
unselbständig	**unselbständig / unselbstständig**

V

verbleuen	**verbläuen**
Verdruß	**Verdruss**
verfaßt	**verfasst**
vergeßlich	**vergesslich**
verloren	
verlorengehen	verlorengehen / verloren gehen
Verschluß	**Verschluss**
von seiten	**vonseiten / von Seiten**
Vorschuß	**Vorschuss**

alte Schreibung	neue Schreibung
W	
Waggon	**Waggon / Wagon**
wäßrig	**wässrig**
weit	
weitreichend	weit reichend / weitreichend
weitverbreitet	weit verbreitet / weitverbreitet
bis auf weiteres	bis auf weiteres / Weiteres
wieviel	**wie viel**
X/Z	
X-beinig	**X-beinig / x-beinig**
X-fache	**x-fache**
Zäheit	**Zähheit**
Zeit	
eine Zeitlang	eine Zeitlang / Zeit lang
zur Zeit	zurzeit *(derzeit)*
Zierat	**Zierrat**
zu	
zugrunde gehen	zugrunde / zu Grunde gehen
zugunsten	zugunsten / zu Gunsten
zuleide tun	zuleide / zu Leide tun
zumute sein	zumute / zu Mute sein
zunutze machen	zunutze / zu Nutze machen
zurate ziehen	zurate / zu Rate ziehen
sich etwas zuschulden kommen lassen	sich etwas zuschulden / zu Schulden kommen lassen
zuungunsten	zuungunsten / zu Ungunsten
zuwege bringen	zuwege / zu Wege bringen
Zufluß	**Zufluss**
zufrieden	
zufriedenstellen	zufriedenstellen / zufrieden stellen
zur Zeit	**zurzeit** *(derzeit)*
Zuschuß	**Zuschuss**